Ludwig Waas

The Little Angel and the Shepherd Children

Ein Hirtenspiel für die Weihnachtszeit

Gedruckt auf umweltbewusst gefertigtem, chlorfrei gebleichtem
und alterungsbeständigem Papier.

1. Auflage 2009
Nach den seit 2006 amtlich gültigen Regelungen der Rechtschreibung
© by Brigg Pädagogik Verlag GmbH, Augsburg
Illustration: Monika Mulzer

ISBN 978-3-87101-381-2   www.brigg-paedagogik.de

Inhalt

The Story

The Play

Songs – drei englische Weihnachtslieder

Vorwort

Viele Lehrerinnen und Lehrer nutzen besondere Anlässe, um mithilfe kleiner Projekte Schule und Elternhaus zusammenzuführen. Das war schon immer so. Kinder und Erwachsene erinnern sich gerne an gemeinsame Weihnachtsfeiern in der Schule, besonders wenn sie von einem Theaterstück gekrönt wurden, in dem die Kinder eine Rolle übernehmen durften – war sie auch noch so klein. In dieser Tradition stehen die folgenden Arbeitsmaterialien.

Eltern und Kinder machen sich oft keine Vorstellung davon, wie zeitaufwendig ein Elternabend mit Theateraufführung ist. Die Kopiervorlagen, Materialien und Ideen, die hier zusammengestellt sind, sollen Ihnen die Arbeit erleichtern.

Vorschläge für den Einsatz im Unterricht

1. Führen Sie zunächst mithilfe der Szenenbilder auf Seite 8 ff. wichtige Wörter ein, die die Kinder zum Verständnis der *Story* brauchen.

   - Bild 1
     sheep – shepherd children – grass – big angel – little angel – shepherd – stars in the sky – Bethlehem

   - Bild 2
     hare – bunch of grass – squirrel – nut – fox – feather – wolf – bone

   - Bild 3
     dark forest – they lost their way – despair – show the way

   - Bild 4
     Mary – Joseph – Jesus – holy family – angel – big star – stable – ox – donkey

   Sie können die Szenenbilder kopieren und an die Kinder austeilen. Mit Ihrer Hilfe ordnen sie die darauf angegebenen Wörter den Bildern zu. So zeigen sie, ob sie die Wörter verstanden haben.

2. Erzählen Sie die Geschichte auf Englisch. Den Text finden Sie auf Seite 12.

3. Setzen Sie zur Verständnisoptimierung das *worksheet* ein (siehe Seite 14/15). Wählen Sie je nach Kenntnisstand der Schülerinnen und Schüler die englische oder die deutsche Version. Die Lösungen finden Sie auf Seite 42.

4. Nun beginnt die Arbeit am Theaterstück. Es empfiehlt sich, zunächst die deutsche Version mit verteilten Rollen lesen zu lassen, damit die Kinder wissen, was die einzelnen Figuren sagen.

5. Beginnen Sie jetzt schon, die englischen Lieder einzuüben, die Sie vor, während oder nach dem Stück gemeinsam singen können.

6. Verteilen Sie die Rollen des englischsprachigen Stücks nach Eignung und Interesse. Lassen Sie die Kinder den Text zunächst mit verteilten Rollen laut vorlesen.

   - Anspruchsvollere Rollen: *shepherd children.*
   - Einfache Rollen: *shepherds, angels, Mary, Joseph.*
   - Sehr einfache Rollen: Tiere des Waldes und Feldes: *squirrel, hare, fox, wolf.*

   Das größte Problem ist meist, dass die Kinder nicht laut genug sprechen. Lassen Sie deshalb eine beliebige Musik laut mitlaufen, die die Schüler übertönen müssen. Das zwingt sie zum lauten Sprechen.

7. Planen und besprechen Sie mit den Kindern die Kostüme und die Dekoration. Für die Kinder, die Tiere darstellen, befinden sich auf den Seiten 33 bis 36 Kopiervorlagen für Tiermasken, die sie im Unterricht oder zu Hause basteln und gestalten können.
   Es ist nicht unbedingt nötig, ein Bühnenbild herzustellen, da die Schauplätze der einzelnen Szenen mit dem Tageslichtprojektor an die Wand projiziert werden. Kopieren Sie dazu die Bilder auf den Seiten 30 bis 32 auf Folie.

8. Geben Sie den Kindern in der Schule die Gelegenheit, ihre Rollen auswendig zu lernen.
   Bestimmen Sie einen Souffleur oder eine Souffleuse.
   Vielleicht können Sie ein paar Väter, Mütter oder ältere Geschwister gewinnen, die die Kinder beim Auswendiglernen und Proben unterstützen.

9. Schicken Sie die Einladungen an die Eltern und Verwandten rechtzeitig hinaus. Die Kopiervorlagen dafür finden Sie auf den Seiten 37/38.

   Schätzen Sie selbst ein, ob Sie die Einladungen auf Englisch oder Deutsch verteilen.

10. Spielen Sie einer oder zwei Klassen das Stück vor, sozusagen als Generalprobe.

11. Wenn Sie möchten, können Sie gegen Ende der Proben das Arbeitsblatt zum Hirtenspiel bearbeiten lassen (Seite 28/29). Die Lösung befindet sich auf der Seite 42. Vielleicht setzen Sie einen kleinen Preis für alle diejenigen aus, die höchstens einen Fehler machen.

Storyline

Der Engel Gabriel verkündet drei Schafhirten, dass der König der Welt in Bethlehem geboren wurde. Er lädt sie ein, diesen zu besuchen, und sie machen sich sofort auf den Weg.

Während die Hirten fort sind, soll der kleine Engel Chris auf die Schafe und die Hirtenkinder aufpassen – zwei Jungen und zwei Mädchen. Die Kinder aber wollen auch lieber das Baby sehen, als auf der Weide bei den Schafen zu bleiben. Also beschließen sie, gemeinsam nach Bethlehem zu gehen. Der kleine Engel Chris begleitet sie.

Auf dem Weg durch den Wald treffen sie vier Tiere, die ihnen Geschenke für das Jesuskind mitgeben. Doch plötzlich verirren sie sich. In ihrer Not rufen sie den Engel Gabriel. Dieser bringt sie schließlich alle sicher zum Stall mit der Heiligen Familie.

Waas: The Little Angel and the Shepherd Children
© Brigg Pädagogik Verlag GmbH, Augsburg

(1) sheep   (2) grass   (3) shepherd   (4) shepherd children

(5) big angel   (6) little angel   (7) stars in the sky   (8) Bethlehem

(1) squirrel   (2) a bunch of grass   (3) fox   (4) nut

(5) hare   (6) feathers   (7) wolf   (8) bone

① forest   ② way   ③ They lost their way.

① Mary   ② Joseph   ③ Jesus   ④ big star

⑤ stable   ⑥ ox   ⑦ donkey

The Story of the Little Angel and the Shepherd Children

It was a very quiet night. And the stars in the sky were twinkling more brightly than ever. Three shepherds and their children, two boys and two girls, were watching their sheep in the field. Suddenly they saw a bright light coming down towards them. Two angels were radiating the light, a big angel and a small angel.

The big angel started to speak, "My name is Gabriel. I want to tell you that Jesus Christ, the king of the world, was born tonight. He was born in a stable. He's lying in a manger with hay and straw next to an ox and a donkey. You can go and see the newborn king of the world because the stable is in Bethlehem, not far from here." At first the shepherds didn't want to leave the sheep and their children because the children were still very young. But Angel Gabriel said, "This little guardian angel will take care of your children and your sheep." So the shepherds finally set off for Bethlehem.

Together with the little guardian angel, whose name was Chris, the shepherd children had to stay in the field. But the children wanted to see the baby as well. And the little angel Chris wanted to see the little baby, too. What could they do? They decided to go to Bethlehem together. Chris promised to show the way.

They had to go through a dark forest. On their way they met four animals: a squirrel, a hare, a fox and the wolf. They all gave the children little presents to take with them for the baby. The squirrel gave them a nut, the hare a bunch of fresh grass, the fox some feathers from a goose, and the wolf gave them a big bone.

Suddenly they had lost their way in the middle of the forest. They didn't know where to go. In their despair, they called out loudly for the angel Gabriel to help. At first he was a bit cross with the angel Chris. But when Chris and the children said that they too wanted to see the baby very much, he showed them the way to the stable.

The holy family, Mary, Joseph and little Jesus, were very pleased at the visit of the shepherd children. They were very kind to them. They asked the children to thank the animals for the nice presents.

Waas: The Little Angel and the Shepherd Children
© Brigg Pädagogik Verlag GmbH, Augsburg

Die Geschichte vom kleinen Engel und den Hirtenkindern

Es war eine sehr stille Nacht. Und die Sterne am Himmel funkelten heller denn je. Drei Hirten und ihre Kinder, zwei Jungen und zwei Mädchen, hüteten ihre Schafe auf dem Feld. Plötzlich sahen sie ein helles Licht zu ihnen herunterkommen. Zwei Engel verbreiteten das Licht, ein großer Engel und ein kleiner.

Der große Engel begann zu sprechen: „Ich heiße Gabriel. Ich möchte euch sagen, dass Jesus Christus, der König der Welt, heute Nacht geboren wurde. Er wurde in einem Stall geboren. Er liegt in einer Krippe mit Heu und Stroh bei einem Ochsen und einem Esel. Ihr könnt den neugeborenen König der Welt besuchen, denn der Stall ist in Bethlehem, nicht weit von hier." Zuerst wollten die Hirten ihre Schafe und die Kinder nicht allein lassen. Die Kinder waren noch recht klein. Aber der Engel Gabriel sagte: „Dieser kleine Schutzengel wird auf eure Kinder und eure Schafe aufpassen." Also machten sich die Hirten schließlich auf den Weg nach Bethlehem.

Zusammen mit dem kleinen Schutzengel namens Chris mussten die Hirtenkinder und die Schafe auf dem Feld bleiben. Aber die Kinder wollten auch das Baby sehen. Und auch der kleine Engel Chris wollte das Baby sehen. Was konnten sie tun? Sie beschlossen, gemeinsam nach Bethlehem zu gehen. Der kleine Engel versprach, ihnen den Weg zu zeigen.

Sie mussten durch einen dunklen Wald gehen. Unterwegs trafen sie vier Tiere: ein Eichhörnchen, einen Hasen, einen Fuchs und den Wolf. Sie alle gaben den Kindern kleine Geschenke mit. Das Eichhörnchen gab ihnen eine Nuss, der Hase ein Büschel frisches Gras, der Fuchs einige Gänsefedern, und der Wolf gab ihnen einen großen Knochen.

Plötzlich hatten sie sich mitten im Wald verirrt. Sie wussten nicht mehr, wohin sie gehen sollten. In ihrer Verzweiflung riefen sie laut den Engel Gabriel zu Hilfe. Zuerst war er ein wenig böse auf den Engel Chris. Aber als Chris und die Kinder sagten, dass sie das Baby auch so gerne sehen wollten, zeigte er ihnen den Weg zum Stall.

Die Heilige Familie, Maria, Josef und das kleine Jesuskind, freuten sich sehr über den Besuch der Hirtenkinder. Sie waren sehr nett zu ihnen. Und sie baten die Kinder, den Tieren für die schönen Geschenke zu danken.

Waas: The Little Angel and the Shepherd Children
© Brigg Pädagogik Verlag GmbH, Augsburg

Worksheet for the story

Tick the correct answers.
Kreuze die richtigen Antworten an.
Maybe there is more than one correct answer.
Es können auch mehrere Antworten richtig sein.

1. How was the night?
   - [ ] a) loud
   - [ ] b) quiet
   - [ ] c) The stars were very bright.

2. How many shepherds were there?
   - [ ] a) two
   - [ ] b) three
   - [ ] c) six

3. How many angels came down from the sky?
   - [ ] a) one
   - [ ] b) two
   - [ ] c) three

4. What were the angels' names?
   - [ ] a) Joseph and Mary
   - [ ] b) Chris and Garibald
   - [ ] c) Chris and Gabriel

5. How many children did the shepherds have?
   - [ ] a) three
   - [ ] b) four
   - [ ] c) many

6. What is the name of the king of the world?
   - [ ] a) Jesus
   - [ ] b) Joseph
   - [ ] c) Chris

7. Who did the children meet on their way through the forest?
   - [ ] a) three animals
   - [ ] b) four animals
   - [ ] c) five animals

8. What did the wolf give the children?
   - [ ] a) some feathers
   - [ ] b) a nut
   - [ ] c) a bone
   - [ ] d) a bunch of grass

9. What happened in the middle of the forest?
   - [ ] a) The children lost their presents.
   - [ ] b) The children lost their way.
   - [ ] c) They called for the angel Gabriel.

10. Where was the king of the world born?
    - [ ] a) in a big house
    - [ ] b) in a stable
    - [ ] c) near an ox and a donkey
    - [ ] d) in Bethlehem

11. Did Mary and Joseph like the presents?
    - [ ] a) Yes, they did.
    - [ ] b) No, they didn't.

Waas: The Little Angel and the Shepherd Children
© Brigg Pädagogik Verlag GmbH, Augsburg

Arbeitsblatt zur Geschichte

Kreuze die richtigen Antworten an.
Es können auch mehrere Antworten richtig sein.

1. Wie war die Nacht?
   - ☐ a) laut
   - ☐ b) ruhig
   - ☐ c) Die Sterne funkelten sehr hell.

2. Wie viele Schafhirten waren auf dem Feld?
   - ☐ a) zwei
   - ☐ b) drei
   - ☐ c) sechs

3. Wie viele Engel kamen vom Himmel herab?
   - ☐ a) einer
   - ☐ b) zwei
   - ☐ c) drei

4. Wie hießen die Engel?
   - ☐ a) Josef und Maria
   - ☐ b) Chris und Garibald
   - ☐ c) Chris und Gabriel

5. Wie viele Kinder waren bei den Hirten?
   - ☐ a) drei
   - ☐ b) vier
   - ☐ c) viele

6. Wie heißt der König der Welt?
   - ☐ a) Jesus
   - ☐ b) Josef
   - ☐ c) Chris

7. Wen trafen die Hirtenkinder auf dem Weg durch den Wald?
   - ☐ a) drei Tiere
   - ☐ b) vier Tiere
   - ☐ c) fünf Tiere

8. Was gab der Wolf den Hirtenkindern?
   - ☐ a) ein paar Federn
   - ☐ b) eine Nuss
   - ☐ c) einen Knochen
   - ☐ d) ein Büschel Gras

9. Was geschah mitten im Wald?
   - ☐ a) Die Kinder verloren ihre Geschenke.
   - ☐ b) Die Kinder verirrten sich.
   - ☐ c) Sie riefen nach dem Engel Gabriel.

10. Wo wurde der König der Welt geboren?
    - ☐ a) in einem großen Haus
    - ☐ b) in einem Stall
    - ☐ c) bei einem Ochsen und einem Esel
    - ☐ d) in Bethlehem

11. Haben sich Maria und Josef über die Geschenke gefreut?
    - ☐ a) Ja.
    - ☐ b) Nein.

Waas: The Little Angel and the Shepherd Children
© Brigg Pädagogik Verlag GmbH, Augsburg

The Little Angel and the Shepherd Children (Play)

Actors:

Joseph and Mary; 3 shepherds; 4 shepherd children: Bob and Timothy, Sue and Jessica; 4 animals: a squirrel, a hare, a fox and a wolf; 2 angels: the big angel Gabriel and the little angel Chris.

Introduction

Director (or prompter):

It was a wondrous night, when angels came to the earth, when animals started to speak and when even a little angel became disobedient, because he wanted to see a newborn child. This is the night our play tells about.

In the field

Shepherd 1:	It's a very quiet night.
Shepherd 2:	You're right. It *is* very quiet.
Shepherd 3:	And the stars are twinkling more brightly than ever.
Shepherd 1:	Yes, the stars are very bright tonight.
Shepherd 2:	Look at that star over there.
Shepherd 3:	It's getting brighter and brighter.
Shepherd 1:	It's getting closer and closer.
Shepherd 2:	Oh look! It isn't a star, it's an angel. A big angel.
Shepherd 3:	And there's a small angel beside him.
Bob:	What a wondrous night.
Angel Gabriel:	Hello, good shepherds. My name is Gabriel. I'm the boss of all the angels. And this is one of my guardian angels.
Shepherd 1:	Angel Gabriel and a guardian angel! Wow! Hello, angels!
Shepherd 2:	And why have you come to us poor shepherds?
Angel Gabriel:	I want to tell you some good news. Jesus Christ, the king of the world, was born tonight.
Shepherd 3:	You mean, the Lord's son was born tonight?
Angel Gabriel:	Yes, exactly.

Shepherds 1, 2, 3 and shepherd children *(talking excitedly at the same time)*:
Where? Please, tell us where! Yes, tell us, where he was born. Where is he now?

Angel Gabriel:	Over there, in Bethlehem. In a stable with an ox and a donkey. He is lying in a manger on a bed of straw. Do you want to go and see him?
Shepherds 1, 2, 3 *(talking all at the same time in excitement)*:	Yes, at once. Of course. No, we can't go and see him. We must watch our sheep. And the children are still so small.
Angel Gabriel:	Don't worry. This little angel will stay and take care of your children and the sheep.
Shepherd 1:	No, we can't go. We are so poor. We have no presents.
Angel Gabriel:	That doesn't matter. God loves poor people.
Shepherds 1, 2, 3 *(talking all at the same time enthusiastically while the shepherd children are sitting sadly together)*:	Okay, hurry up, let's go. Let's go to see the baby!
Bob *(angrily)*:	What a strange night!

Angel Gabriel and the shepherds set off for Bethlehem. Angel Chris and the shepherd children stay behind.

In the field

Jessica:	*They*'re going to see Jesus.
Sue:	And *we* have to stay here. That's not fair. I want to see Jesus, too.
Timothy:	But that silly angel is watching us.
Jessica:	You're right. He keeps staring at us.
Sue:	Stupid angel!
Timothy:	I bet he can't speak a word.
Jessica:	I bet he doesn't understand English.
Sue:	Let's see. Hey angel, do you understand English?
Timothy:	Hey, angel, what's your name?
Angel Chris:	My name is Chris.
Jessica:	Oh my goodness! He can talk.
Sue:	And he understood everything.
Timothy:	Hey, Angel Chris, we want to see the king of the world, too.
Angel Chris:	I want to see the king of the world, *too*. Or do you think it's fun for me to sit around here with you cheeky children?
Jessica:	Hey, what about going to Bethlehem together?

Sue:	You mean: We children and the angel?
Timothy:	Exactly! We and the angel. He wants to see the baby, too.
Sue:	No, we can't go. Jesus doesn't like cheeky boys and girls.
Angel Chris:	That's not true. I tell you, Jesus loves all children. He loves cheeky children, too.
Timothy:	Okay, let's go.
Jessica:	No, we can't. We don't know the way.
Angel Chris:	That's no problem. Do you see that bright star there – beyond the forest? It's right above the stable where Mary, Joseph and the baby are. We can follow the star.
Jessica:	You're great, Angel Chris. Hurry up, let's go!

Bob *(shaking his head, murmuring to himself):* What a wondrous night, what a wondrous night!

The shepherd children and Angel Chris leave for Bethlehem.

In the middle of the forest

Jessica:	Angel Chris, is it far?
Angel Chris:	I don't know.
Sue:	Where's the star? I can't see the star.
Angel Chris:	You can't see it because it's behind the trees. It must be in that direction.
Timothy:	Look, there's a little animal with a bushy tail. Who are you?
Squirrel:	I'm Frisky the squirrel.
Bob *(surprised):*	Oh, it can speak. What a wondrous night!
Squirrel:	What are you doing here?
Jessica:	We're going to see the king of the world. Do you want to come with us?
Squirrel:	No, sorry, I can't. I'm busy. But I've got a present for him.
Sue:	A present? A present is always welcome. What is it?
Squirrel:	Give him this nut, please. The baby can play with it.
Timothy:	Thank you, Frisky.
Jessica:	Okay, let's go on.
Timothy:	Look, there's another animal. It has long ears. What's your name?
Hare:	My name is Harry the Hare.
Bob:	Oh, he can speak, too!

Waas: The Little Angel and the Shepherd Children
© Brigg Pädagogik Verlag GmbH, Augsburg

Angel Chris:	All the animals can talk tonight.
Bob:	What a wondrous night!
Hare:	What are you doing here?
Jessica:	We're going to see the king of the world. He is lying in a manger beside an ox and a donkey. Do you want to come with us?
Hare:	No, sorry, I can't. But I've got a present for him.
Sue:	A present? A present is always welcome. What is it?
Hare:	A bunch of fresh grass.
Jessica:	Grass? Babies don't eat grass! Well, all right. It's good food for the ox and the donkey. Thank you, Harry. Let's go.
Timothy:	Look, there's another animal. Who are you?
Fox:	I'm Rox, the fox. What are you doing here?
Jessica:	We're going to see the king of the world. Do you want to come with us?
Fox:	No, sorry, I can't. But I've got a present for him.
Sue:	A present? A present is always welcome. What have you got?
Fox:	I've got some feathers from a goose. They'll be good for his bed.
Sue:	Thank you, Rox. Goodbye. Let's go now.

Growling in the bushes.

Jessica:	Listen, what was that?
Wolf:	It's me, the wolf.
Shepherd children:	Oh no, the wolf! He will kill us and eat us for sure. *(The shepherd children start to run away.)*
Angel Chris:	Stop, children. He can't eat you tonight. It's a holy night. It's a night full of peace.
Bob:	What a wondrous night.
Wolf:	What are you doing here in the middle of the forest?
Jessica:	We're going to see the king of the world. Do you want to come with us?
Wolf:	No, sorry I can't. But I've got a present for him.
Sue:	A present? A present is always welcome. What have you got?
Wolf:	A big bone.
Timothy:	A bone? I don't think a bone is good for a baby. Is that all you've got?
Wolf *(sheepishly)*:	Well, yes. Sorry.

Waas: The Little Angel and the Shepherd Children
© Brigg Pädagogik Verlag GmbH, Augsburg

Timothy:	Let me see it, please *(smells)*. Well, it doesn't smell too bad. Okay, we'll take it. Thank you.
Wolf:	Goodbye.
Angel Chris:	Wait a minute, wolf. Can you tell us the way to Bethlehem?
Sue:	He's gone. We're all alone.
Angel Chris:	Oh dear, we're lost. I don't know the way now. The star is gone, too.
Jessica:	We're lost.
Timothy:	We're alone here in the middle of the forest.
Angel Chris:	Don't panic, children. I've got an idea. Let's call for Angel Gabriel.
All of them:	Angel Gabriel! Angel Gabriel!
Angel Gabriel *(coming):*	Hey, who's calling me? Is that you, Angel Chris? What are you doing here in the middle of the forest?
Angel Chris:	I want to see little Jesus, too.
Angel Gabriel *(angrily):*	But you *shouldn't* be here. I told you to take care of the sheep and the children.
Angel Chris:	The children are all here, too. And the sheep are okay.
Jessica:	Yes, we all want to see little Jesus.
Angel Gabriel:	Okay, okay. I can understand that. Come on, follow me.

The angels and the shepherd children go on to Bethlehem.

In front of the stable

Timothy:	Look, there are the shepherds!
Angel Gabriel:	Here we are. That's the stable. Let's knock on the door. *(Gabriel knocks on the door. First Joseph appears and then Mary with the baby in her arms.)* And here are Mary, Joseph and the baby.
Joseph:	Look Mary, four children.
Mary:	Yes, Joseph. Jesus likes children very much. Come nearer, children. Come closer to us.
Shepherd 1:	They are *our* children.
Shepherd 2:	Yes, but what are they doing *here*?
Shepherd 3:	Look, they've got presents. *(The shepherd children move closer to the holy family.)*
Mary:	Look, this is Jesus, the Lord's son.
Jessica:	We've got some presents from the animals in the forest. Look, Mary, this is a present from the squirrel.
Mary:	A nut. What a nice nut! Thank you.

Waas: The Little Angel and the Shepherd Children
© Brigg Pädagogik Verlag GmbH, Augsburg

(Mary takes the nut and gives it to Jesus.)

Jessica:	And this is a present from the hare.
Joseph:	A bunch of fresh grass. How useful!
Sue:	Well, it isn't for Jesus. But the ox and the donkey will like it.
Joseph:	Yes, you're right. They say thank you.
Sue:	And these feathers are a present from the fox.
Mary:	Nice white feathers for the bed. Thank you so much.
Timothy:	And this is a big bone from the wolf.
Mary:	Oh good. We can make soup from it.
Joseph:	Thanks a lot for your presents.
Mary:	Say thank you to the animals when you see them again.

Bob *(goes to the edge of the stage and says to the audience):*
What a wondrous night!

Angel Chris *(goes to the edge of the stage and says louder than Bob):*
It's a wonderful night!

Waas: The Little Angel and the Shepherd Children
© Brigg Pädagogik Verlag GmbH, Augsburg

Der kleine Engel und die Hirtenkinder (Theaterstück)

Akteure:

Josef und Maria; 3 Hirten, 4 Hirtenkinder: Bob und Timothy, Sue und Jessica; 4 Tiere: Eichhörnchen, Hase, Fuchs, Wolf; 2 Engel: der große Engel Gabriel und der kleine Engel Chris.

Einführung

Spielleiter (oder Souffleur):

Es war eine wundersame Nacht, als Engel auf die Erde kamen, als Tiere zu sprechen anfingen und als sogar ein kleiner Engel ungehorsam wurde, weil er ein neugeborenes Kind sehen wollte. Von dieser Nacht erzählt unser Theaterstück.

Auf der Weide

Hirte 1:	Heute ist die Nacht ganz ruhig.
Hirte 2:	Du hast recht. Es ist sehr still.
Hirte 3:	Und die Sterne funkeln heller denn je.
Hirte 1:	Ja, die Sterne sind heute Nacht ganz hell.
Hirte 2:	Schaut mal den Stern da drüben an!
Hirte 3:	Er wird immer heller.
Hirte 1:	Er kommt immer näher!
Hirte 2:	Oh! Schaut! Das ist kein Stern, es ist ein Engel. Ein großer Engel.
Hirte 3:	Und neben ihm ist ein kleiner Engel.
Bob:	Was für eine wundersame Nacht!
Engel Gabriel:	Hallo, ihr Hirten. Mein Name ist Gabriel. Ich bin der Chef von allen Engeln. Und das hier ist einer meiner Schutzengel.
Hirte 1:	Der Engel Gabriel und ein Schutzengel! Super! Willkommen, ihr Engel.
Hirte 2:	Und was wollt ihr hier bei uns armen Hirten?
Engel Gabriel:	Ich möchte euch eine frohe Botschaft bringen. Jesus Christus, der König der Welt, ist heute Nacht geboren worden.
Hirte 3:	Du meinst, der Sohn Gottes ist heute Nacht als Baby geboren worden?
Engel Gabriel:	Ja, genau!

Hirten 1, 2, 3 und Hirtenkinder *(reden aufgeregt durcheinander)*: Wo? Bitte, sag uns wo! Ja, sag uns, wo er geboren wurde. Wo ist er jetzt?

Engel Gabriel:	Da drüben, in Bethlehem. In einem Stall mit einem Ochsen und einem Esel. Er liegt in einer Futterkrippe mit Heu und Stroh. Wollt ihr ihn besuchen?

Hirten 1, 2, 3 *(reden vor Aufregung alle durcheinander):* Ja, sofort. Natürlich! – Nein, wir können ihn nicht besuchen. Wir müssen auf unsere Schafe aufpassen. Und die Kinder sind noch so klein.

Engel Gabriel:	Macht euch keine Sorgen: Dieser Engel wird hierbleiben und sich um eure Kinder und die Schafe kümmern.
Hirte 1:	Nein, wir können nicht gehen. Wir sind so arm. Wir haben keine Geschenke.
Engel Gabriel:	Das macht nichts. Gott mag arme Leute.

Hirten 1, 2, 3 *(reden alle durcheinander vor Begeisterung, während die Hirtenkinder traurig zusammensitzen):* Also los, dann gehen wir. Wir schauen uns das Baby an!

Bob *(ärgerlich):*	Was für eine seltsame Nacht!

Der Engel Gabriel und die Hirten machen sich auf den Weg nach Bethlehem. Engel Chris und die Hirtenkinder bleiben zurück.

Auf der Weide

Jessica:	*Sie* besuchen Jesus.
Sue:	Und *wir* müssen hierbleiben. Das ist unfair. Ich möchte auch Jesus sehen.
Timothy:	Aber dieser doofe Engel passt auf uns auf.
Jessica:	Du hast recht. Er starrt uns ständig an!
Sue:	Das ist wirklich ein blöder Engel.
Timothy:	Ich wette, er kann kein Wort sprechen.
Jessica:	Ich glaube, der versteht kein Deutsch.
Sue:	Schauen wir mal. Hallo Engel, verstehst du Deutsch?
Timothy:	Hallo Engel, wie heißt du?
Engel Chris:	Mein Name ist Chris.
Jessica:	Du liebe Zeit! Er kann sprechen.
Sue:	Er hat alles verstanden.
Timothy:	Hey, Engel Chris, wir wollen *auch* den König der Welt besuchen.
Engel Chris:	Ja, ich möchte *auch* den König der Welt sehen. Oder meint ihr, es macht mir Spaß, mit euch frechen Kindern hier herumzusitzen?
Jessica:	Hey, wie wär's, wenn wir gemeinsam nach Bethlehem gingen?
Sue:	Du meinst: Wir und der Engel?
Timothy:	Genau! Wir und der Engel. Er will auch das Baby sehen.

Waas: The Little Angel and the Shepherd Children
© Brigg Pädagogik Verlag GmbH, Augsburg

Sue:	Nein, wir können nicht gehen. Jesus mag keine frechen Jungen und Mädchen.
Engel Chris:	Das stimmt nicht. Ich sage euch, Jesus hat alle Kinder gern. Er mag auch freche Kinder.
Timothy:	Okay, dann los.
Jessica:	Nein, das geht nicht. Wir kennen den Weg nicht.
Engel Chris:	Das ist kein Problem. Könnt ihr den hellen Stern dort sehen – jenseits des Waldes? Er steht genau über dem Stall mit Maria, Josef und dem Baby. Wir können dem Stern folgen.
Hirtenkinder:	Du bist super, Engel Chris. Los, lasst uns gehen!

Bob *(kopfschüttelnd, vor sich hinmurmelnd)*: Was für eine wundersame Nacht!

Die Hirtenkinder und der Engel Chris machen sich auf den Weg nach Bethlehem.

Mitten im Wald

Jessica:	Engel Chris, ist es noch weit?
Engel Chris:	Ich weiß es nicht.
Sue:	Wo ist der Stern? Ich kann den Stern nicht sehen.
Engel Chris:	Du kannst ihn nicht sehen, weil er hinter den Bäumen ist. Er muss in dieser Richtung sein.
Timothy:	Schau, da ist ein kleines Tier mit einem buschigen Schwanz. Wer bist du?
Eichhörnchen:	Ich bin Frisky, das Eichhörnchen.
Bob *(verwundert)*:	Es kann sprechen! Welch eine wundersame Nacht!
Eichhörnchen:	Was macht ihr hier?
Jessica:	Wir besuchen den König der Welt. Möchtest du mit uns kommen?
Eichhörnchen:	Nein, tut mir leid. Ich habe viel zu tun. Aber ich habe ein Geschenk für ihn.
Sue:	Ein Geschenk? Ein Geschenk ist immer gut. Was ist es?
Eichhörnchen:	Gib ihm bitte diese Nuss. Das Baby kann damit spielen.
Timothy:	Danke, Frisky.
Jessica:	Gut, lass uns weitergehen.
Timothy:	Schaut, da ist noch ein Tier. Es hat lange Ohren. Wie heißt du?
Hase:	Mein Name ist Harry, der Hase.
Bob *(ruft erstaunt)*:	Er kann *auch* sprechen!
Engel Chris:	In dieser Nacht können alle Tiere sprechen.
Bob:	Welch eine wundersame Nacht!
Hase:	Aber was macht ihr denn hier?

Jessica:	Wir besuchen den König der Welt. Er liegt in einer Futterkrippe bei einem Ochsen und einem Esel. Möchtest du mit uns kommen?
Hase:	Nein, tut mir leid. Aber ich habe ein Geschenk für ihn.
Sue:	Ein Geschenk? Ein Geschenk ist immer gut. Was ist es?
Hase:	Ein Büschel frisches Gras.
Jessica:	Gras? Babys essen kein Gras. – Aber halt! Es ist gutes Futter für den Ochsen und den Esel. Danke, Harry. Kommt, gehen wir!
Timothy:	Schaut, da ist noch ein Tier. Wer bist du?
Fuchs:	Ich bin Rox, der Fuchs. Und was macht ihr hier?
Jessica:	Wir besuchen den König der Welt. Kommst du mit uns?
Fuchs:	Nein, tut mir leid. Aber ich habe ein Geschenk für ihn.
Sue:	Ein Geschenk? Ein Geschenk ist immer gut. Was hast du?
Fuchs:	Ich habe ein paar Gänsefedern. Sie sind für sein Bett.
Sue:	Danke, Rox. Auf Wiedersehen. Gehen wir.

Knurren im Gebüsch.

Jessica:	Horcht, was war das?
Wolf:	Das bin ich, der Wolf.
Jessica:	Du lieber Himmel, der Wolf. Der tötet uns und frisst uns auf. Kein Zweifel! Er wird uns fressen. *(Die Kinder rennen weg.)*
Engel Chris:	Halt, ihr Kinder! Er kann euch heute Nacht nicht fressen. Es ist eine heilige Nacht. Es ist eine Nacht des Friedens.
Bob:	Welch eine wundersame Nacht!
Wolf:	Was macht ihr hier mitten im Wald?
Jessica:	Wir besuchen den König der Welt. Kommst du mit uns?
Wolf:	Nein, tut mir leid. Aber ich habe ein Geschenk für ihn.
Sue:	Ein Geschenk? Geschenke sind immer gut. Was hast du?
Wolf:	Einen großen Knochen.
Timothy:	Einen Knochen? Ich glaube nicht, dass ein Knochen etwas für ein Baby ist. Hast du nichts anderes?
Wolf *(verlegen)*:	Nein.
Timothy:	Lass mich mal sehen. *(Riecht an dem Knochen.)* Na ja, er riecht noch nicht allzu schlecht. Okay, wir nehmen ihn mit. Danke.
Wolf:	Auf Wiedersehen!
Engel Chris:	Warte mal, Wolf. Kannst du uns den Weg nach Bethlehem zeigen?

Sue:	Er ist weg. Wir sind ganz allein.
Engel Chris:	Oje, wir haben uns verirrt. Ich weiß den Weg nicht mehr. Der Stern ist auch weg.
Jessica:	Wir haben uns verirrt.
Timothy:	Wir sind allein hier mitten im Wald.
Engel Chris:	Keine Panik, Kinder! Ich habe eine Idee. Rufen wir den Engel Gabriel.
Alle:	Engel Gabriel! Engel Gabriel!
Engel Gabriel: *(kommt)*	Hallo, wer ruft da nach mir? Bist du das, Engel Chris? Was machst du hier mitten im Wald?
Engel Chris:	Ich möchte auch das Jesuskind sehen.
Engel Gabriel: *(verärgert)*	Aber du *solltest* nicht hier sein. Ich sagte dir, du sollst auf die Kinder und Schafe aufpassen.
Engel Chris:	Alle Kinder sind da. Und die Schafe grasen friedlich auf der Weide.
Jessica:	Ja, wir *alle* wollen das Jesuskind sehen.
Engel Gabriel:	Nun ja, nun ja. Das kann ich verstehen. Kommt, folgt mir.

Die Engel und die Hirtenkinder gehen weiter Richtung Bethlehem.

Vor dem Stall

Timothy:	Schaut, da sind die Hirten.
Engel Gabriel:	Jetzt sind wir da. Das ist der Stall. Lasst uns anklopfen. *(Gabriel klopft an die Tür. Zuerst erscheint Josef und dann Maria mit dem Baby auf dem Arm.)* Da sind Josef, Maria und das Baby.
Josef:	Schau, Maria. Da sind vier Kinder.
Maria:	Ja, Josef. Jesus mag Kinder sehr gern. Kommt nur näher, ihr Kinder. Kommt her zu uns.
Hirte 1:	Das sind ja *unsere* Kinder.
Hirte 2:	Was machen die hier?
Hirte 3:	Schaut, sie haben Geschenke. *(Die vier Hirtenkinder kommen zur Heiligen Familie.)*
Maria:	Schaut, das ist Jesus, der Gottessohn.
Jessica:	Wir haben ein paar Geschenke von den Tieren im Wald.
Timothy:	Schau, Maria, das ist ein Geschenk vom Eichhörnchen.
Maria:	Eine Nuss. Eine sehr hübsche Nuss. Vielen Dank. *(Maria nimmt die Nuss und gibt sie Jesus.)*
Jessica:	Und das ist ein Geschenk vom Hasen.
Joseph:	Ein Büschel frisches Gras? Das können wir gebrauchen.

Waas: The Little Angel and the Shepherd Children
© Brigg Pädagogik Verlag GmbH, Augsburg

Sue:	Nun, es ist nicht für Jesus. Aber der Ochs und der Esel werden es wohl mögen.
Josef:	Da hast du recht. Sie sagen danke.
Sue:	Und diese Federn sind ein Geschenk vom Fuchs.
Maria:	Hübsche weiße Federn für das Bett. Ganz herzlichen Dank.
Timothy:	Und das ist ein großer Knochen vom Wolf. Könnt ihr den auch gebrauchen?
Maria:	Natürlich. Wir können ihn in Wasser kochen und eine gute Suppe daraus machen.
Josef:	Vielen herzlichen Dank für die Geschenke.
Maria:	Und sagt auch den Tieren ein Dankeschön, wenn ihr sie wieder seht.

Bob *(geht nach vorne und spricht laut und langsam zum Publikum)*: Welch eine wundersame Nacht!

Engel Chris *(geht ebenfalls nach vorne und sagt lauter als Bob):* Es ist eine wunderschöne Nacht!

Waas: The Little Angel and the Shepherd Children
© Brigg Pädagogik Verlag GmbH, Augsburg

Worksheet for the play

Who says what? Write the correct numbers into the speech bubbles.
Wer sagt was? Schreibe die richtigen Zahlen in die Sprechblasen.

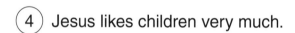
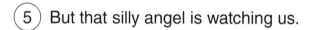
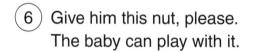

1. Jesus Christ, the king of the world, was born tonight.

2. I've got some feathers from a goose.

3. My name is Chris.

4. Jesus likes children very much.

5. But that silly angel is watching us.

6. Give him this nut, please. The baby can play with it.

7. My name is Harry the Hare.

8. That's me, the wolf. What are you doing in the middle of the forest?

9. Yes, the stars are very bright tonight.

Waas: The Little Angel and the Shepherd Children
© Brigg Pädagogik Verlag GmbH, Augsburg

Arbeitsblatt

Wer sagt was? Schreibe die richtigen Zahlen in die Sprechblasen.

(1) Jesus Christus, der Sohn Gottes, ist heute Nacht geboren worden.

(2) Ich habe ein paar Gänsefedern.

(3) Mein Name ist Chris.

(4) Jesus mag Kinder sehr gern.

(5) Aber dieser doofe Engel passt auf uns auf.

(6) Gib ihm bitte diese Nuss. Das Baby kann damit spielen.

(~~7~~) Mein Name ist Harry, der Hase.

(8) Das bin ich, der Wolf. Was macht ihr hier mitten im Wald?

(9) Ja, die Sterne sind heute Nacht ganz hell.

Bühnenbild: *On the field*

Bühnenbild: *In the forest*

Bühnenbild: *In front of the stable*

Maske: Eichhörnchen

Maske: Hase

Maske: Fuchs

Maske: Wolf

Waas: The Little Angel and the Shepherd Children
© Brigg Pädagogik Verlag GmbH, Augsburg

Class _____

INVITATION

We invite you to our Christmas play:

The Little Angel
and the Shepherd Children

on _____, _____ at _____
         day   date   time

in _____
                              place

Soft drinks and biscuits will be served.

We look forward to seeing you at the performance.

✂ --- ✂

Thank you for the invitation to your Christmas play.

Please reserve _____ seats.
                                  number

Name: _____

Klasse _____

Einladung

Wir laden Sie herzlich zu unserem englischen Hirtenspiel ein:

The Little Angel
and the Shepherd Children

am _____, _____ um _____
     Tag   Datum   Uhrzeit

_____
Ort

Es werden alkoholfreie Getränke und Plätzchen angeboten.

Wir freuen uns auf Sie.

✂ ─── ✂

Vielen Dank für die Einladung zum Hirtenspiel.

Wir kommen mit _____ Personen.
                                Anzahl

Name: _____

Hark! The Herald Angels Sing

(Trad.)

Hark! The her - ald an - gels sing, „Glo - ry to the

new - born King! Peace on earth, and mer - cy mild,

God and sin - ners re - con - ciled." Joy - ful all you

na - tions, ri - se, join the tri - umph of the skies.

All the an - gels us pro - claim, „Christ is born in

Beth - le - hem!" Hark! The her - ald an - gels sing,

„Glo - ry to the new born king!"

Away in a Manger

(Trad.)

A- way in a man - ger no crib for a
bed, the litt - le Lord Je - sus laid down his sweet
head. The stars in the bright sky looked down where he
lay. The litt - le Lord Je - sus a- sleep in the hay.

He's the King of the World

Melodie: Engl. Volkslied
Text: Ludwig Waas

Oh, he's the king of the wor - ld, oh, he's the

king of the wor - ld, oh, he's the king of the

wor - ld! That's what the an - gel says. That's

what the an - gel says. That's what the an - gel

says. Oh, he's the king of the wor - ld, oh,

he's the king of the wor - ld, oh he's the king

of the wor - ld! That's what the an - gel says.

Worksheet for the play – Lösungen zu Seite 28

1. Jesus Christ, the king of the world, was born tonight.

2. I've got some feathers from a goose.

3. My name is Chris.

4. Jesus likes children very much.

5. But that silly angel is watching us.

6. Give him this nut, please. The baby can play with it.

7. My name is Harry the Hare.

8. That's me, the wolf. What are you doing in the middle of the forest?

9. Yes, the stars are very bright tonight.

Worksheet for the story – Lösungen zu Seite 14

1. How was the night?
   - a) loud
   - [X] c) The stars were very bright.
   - [X] b) quiet

2. How many shepherds were there?
   - a) two
   - [X] b) three
   - c) six

3. How many angels came down from the sky?
   - a) one
   - [X] b) two
   - c) three

4. What were the angels' names?
   - a) Joseph and Mary
   - [X] c) Chris and Gabriel
   - b) Chris and Garibald

5. How many children did the shepherds have?
   - a) three
   - [X] b) four
   - c) many

6. What is the name of the king of the world?
   - [X] a) Jesus
   - b) Joseph
   - c) Chris

7. Who did the children meet on their way through the forest?
   - a) three animals
   - [X] b) four animals
   - c) five animals

8. What did the wolf give the children?
   - a) some feathers
   - b) a nut
   - [X] c) a bone
   - d) a bunch of grass

9. What happened in the middle of the forest?
   - a) The children lost their presents.
   - [X] b) The children lost their way.
   - [X] c) They called for the angel Gabriel.

10. Where was the king of the world born?
    - a) in a big house
    - [X] b) in a stable
    - [X] c) near an ox and a donkey
    - [X] d) in Bethlehem

11. Did Mary and Joseph like the presents?
    - [X] a) Yes, they did.
    - b) No, they didn't.

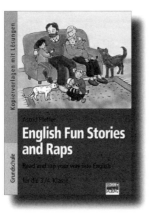